Dieses Buch gehört:

Inhalt

1. Auflage 2007 (1,00)

Konzeption und Gestaltung: Elena Obermüller und Peter Kratzer
Illustrationen: Elena Obermüller
Printed in Europe
ISBN 978-3-7074-0517-0

Elena Obermüller & Peter Kratzer

Das große Bildwörterbuch
Österreichisches Deutsch – Englisch

Mit über 777 Wörtern zum Schauen, Lesen und Lernen

G&D

Der Körper

The Body

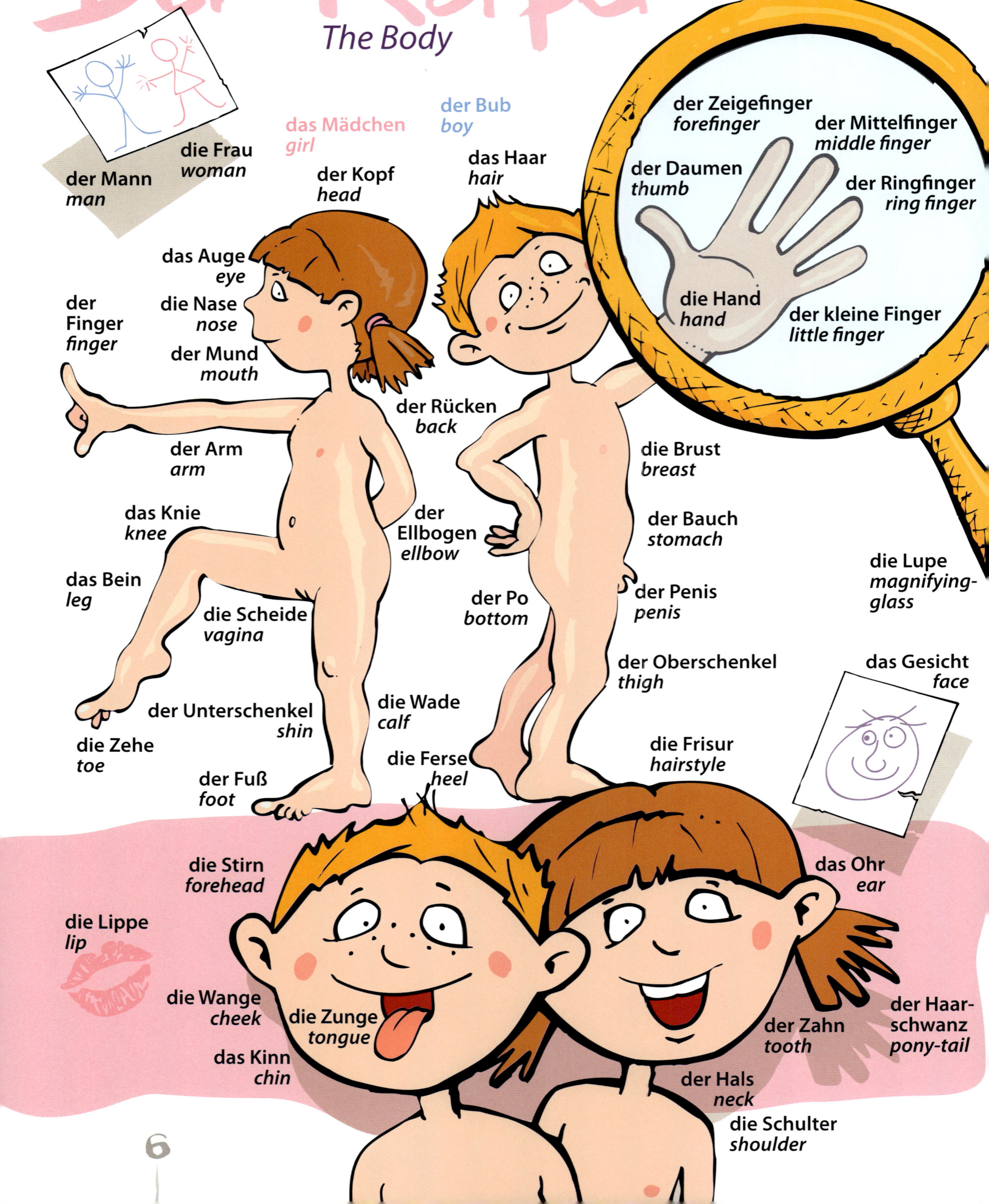

Unsere Familie
Our Family

die Uroma
great-grandmother

der Uropa
great-grandfather

der Opa
grandpa

die Oma
grandma

die Großmutter
grandmother

der Großvater
grandfather

der Onkel
uncle

die Tante
aunt

die Mutter
mother

der Vater
father

das Haustier
pet

die Cousine
cousin

die Nichte
niece

der Cousin
cousin

der Neffe
nephew

die Tochter
daughter

die Schwester
sister

der Sohn
son

der Bruder
brother

das Andenken
souvenir

das Geschenk
present

die Katze
cat

der Geburtstag
birthday

die Braut
bride

der Bräutigam
groom

Unser Zuhause

Our Home

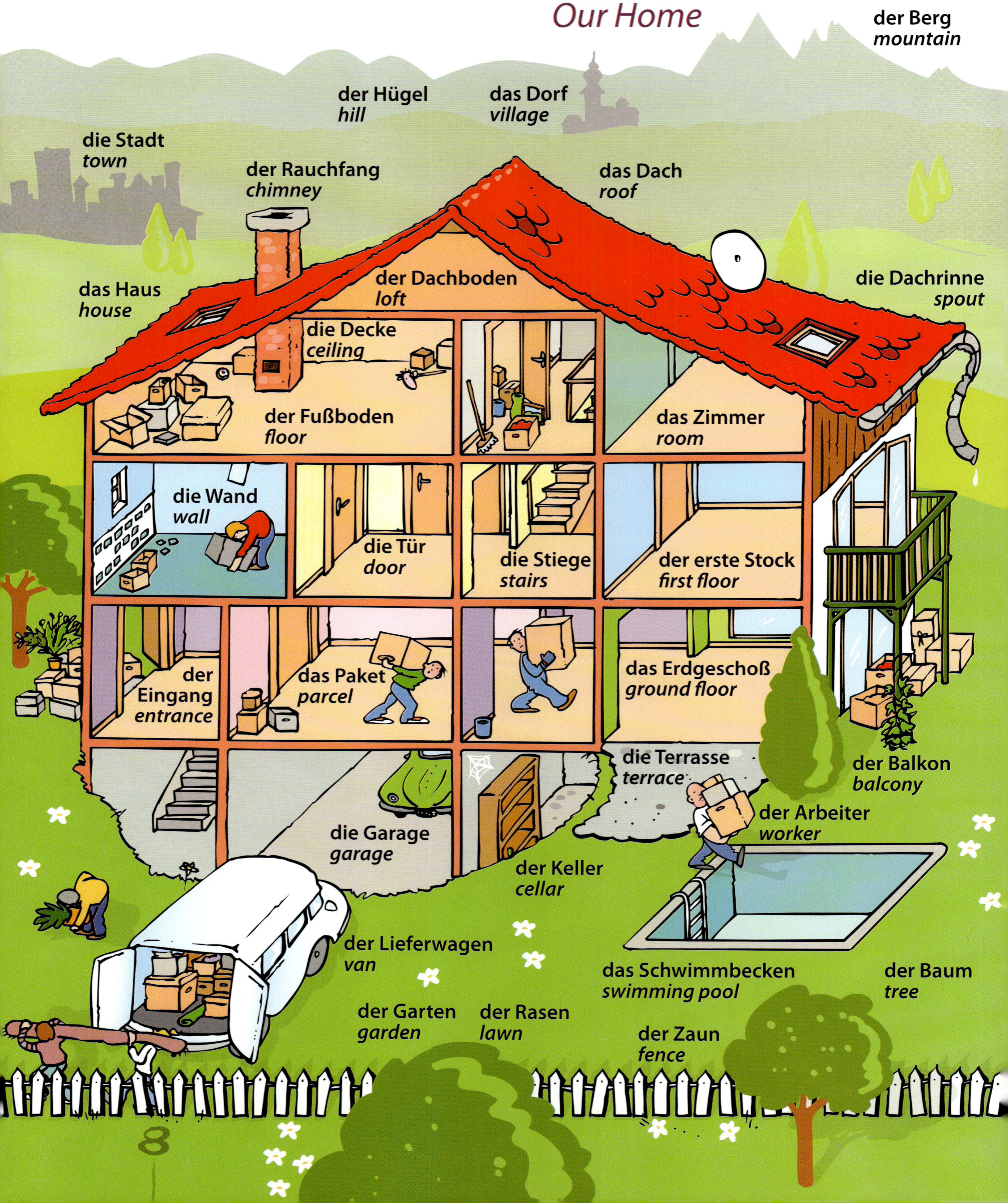

die Pflanze
plant
der Heizkörper
radiator
der Rahmen
frame
der Wecker
alarm clock
das Bild
picture
das Nachtkästchen
bedside table
der Polster
pillow
die Tuchent
duvet
die Decke
blanket
das Bett
bed
der Kasten
cupboard
der Zierpolster
cushion
das Fotoalbum
photo album
das Schlafzimmer
bedroom

die Uhr
clock
das Esszimmer
dining-room
der Vorhang
curtain
das Fenster
window
die Zeitung
newspaper
das Sofa
sofa
der CD-Player
cd player
das Tischtuch
table-cloth
die Vase
vase
der Blumenstrauß
bunch of flowers
die CD
cd
der Fernseher
TV
der Tisch
table
das Handy
mobile phone
die Schale
bowl
die Glühbirne
bulb
die Kerze
candle
das Wohnzimmer
living room

das Badezimmer
bathroom
die Dusche
shower
der Wasserhahn
tap
die Seife
soap
der Spiegel
mirror
das Handtuch
towel
das Waschbecken
basin
der Schwamm
sponge
die Waschmaschine
washing machine
das Waschpulver
washing powder
die Badewanne
bathtub
der Hocker
stool
der Wäschekorb
laundry basket
SUPER

die Tapete
wallpaper
die Lampe
lamp
das Shampoo
shampoo
die Zahnbürste
toothbrush
die Creme
cream
Bella El
das Parfum
perfume
der Kamm
comb
die Zahnpasta
toothpaste
der Rasierschaum
shaving foam
die Bürste
brush
der Fön
hair-drier
der Rasierer
shaver

die Kräuter
herbs
der Kühlschrank
fridge
das Geschirrtuch
tea towel

der Besen
broom
das WC
toilet
die Türschnalle
door handle
das Klopapier
toilet paper
der Schlüssel
key
der Kleiderbügel
coat hanger
der Abstellraum
storage room
der Kübel
bucket
die Mistschaufel
dustpan
der Teppich
carpet
das Regal
shelf
der Staubsauger
vacuum cleaner
das Vorzimmer
hall

die Mikrowelle
microwave
die Abwasch
sink
der Deckel
lid
der Topf
pot
die Pfanne
pan
der Herd
stove
der Geschirrspüler
dishwasher
das Backrohr
oven
das Häferl
mug
das Glas
glass
der Krug
jug
die Futterschüssel
dish
die Gabel
fork
der Löffel
spoon
das Messer
knife
die Serviette
napkin
der Teller
plate
die Teekanne
teapot
die Tasse
cup
die Küche
kitchen

Bekleidung
Clothes

Stell dir vor, du hast eine Reise gewonnen.
Wohin? Das darfst du dir aussuchen!
→ Welche Kleidungsstücke sollen auf jeden Fall in deinen Koffer? Nenne die englischen Begriffe.

Imagine you have won a journey.
You may fix your destination.
→ Which clothes do you need? Say the English terms.

das Unterhemd
vest
die Unterhose
pants
der Bikini
bikini
die Unterhose
panties
der Unterrock
slip
die Tasche
handbag
der Koffer
suitcase
der Gürtel
belt
das T-Shirt
t-shirt
die Strumpfhose
tights
das Tuch
shawl
der Anorak
anorak
der Socken
sock
der Fäustling
mitten
der Schal
scarf
der Handschuh
glove
der Schlaf-
rock
dressing
gown
die Brille
glasses
der
Armreif
bracelet
der Ring
ring
der Stiefel
boot
die Mütze
bobble hat
der Schuh
shoe
die Kette
necklace
die Sandale
sandal

Farben, Formen, Zahlen

Colours, Shapes, Numbers

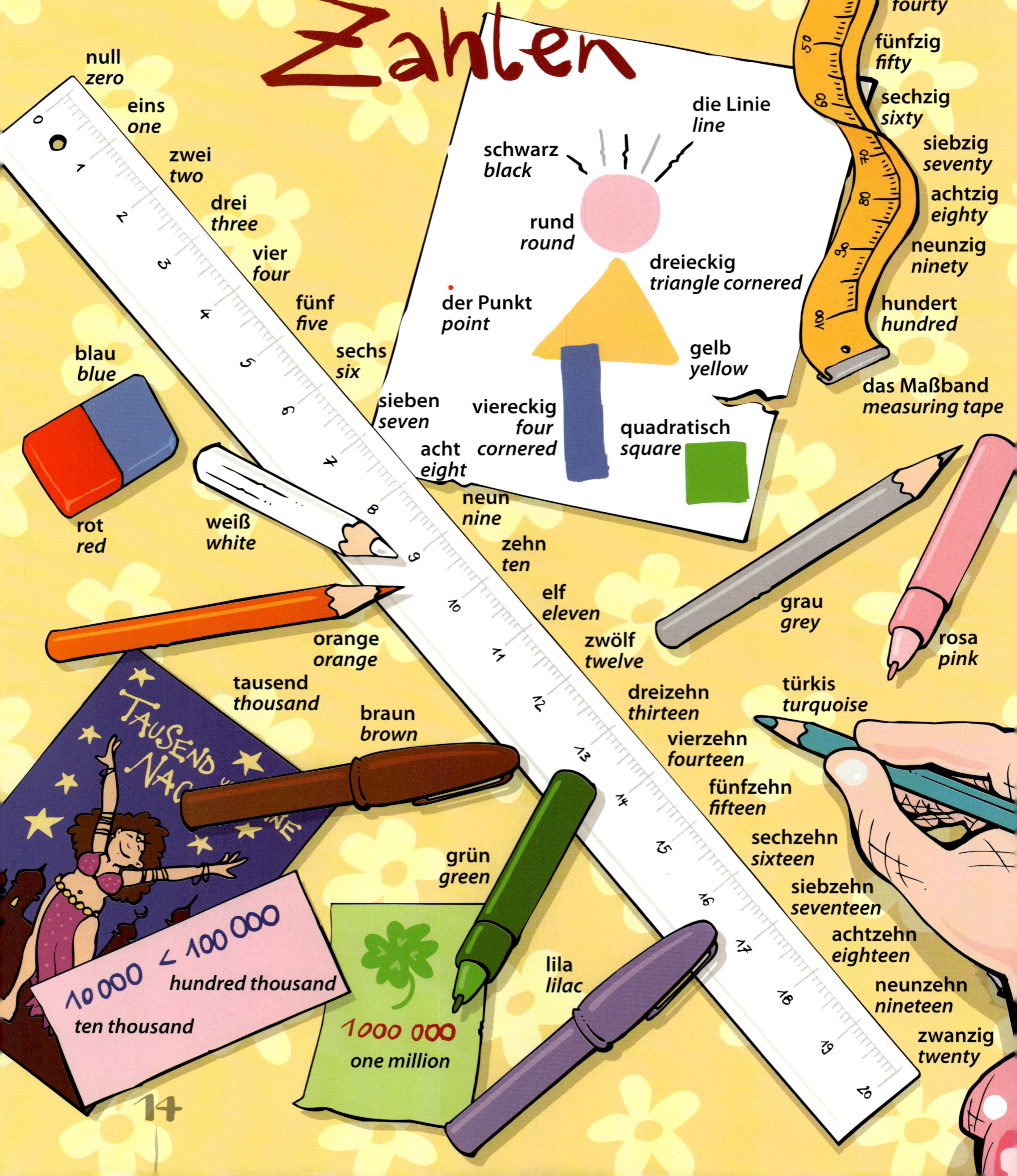

Tage und Uhrzeit

Days and Time

Das Jahr
The Year

die Sternschnuppe
falling star
heiß
hot
die Hitze
heat
regnerisch
rainy
der Regen
rain
windig
windy
der Wind
wind
der Blitz
flash
stürmisch
stormy
der Sturm
storm
September
September
Oktober
October
November
November
Dezember
December
Frühling
Spring
der Krokus
crocus
das Schneeglöckchen
snowdrop
die Narzisse
narcissus
die Tulpe
tulip
Sommer
Summer
die Rose
rose
die Glockenblume
bluebell
die Lilie
lily
die Sonnenblume
sunflower
Herbst
Autumn
die Aster
aster
das Schwammerl
mushroom
der Kürbis
pumpkin
die Weintraube
grape
Winter
Winter
die Schneerose
christrose
der Weihnachtsstern
christmas flower
die Stechpalme
holly
die Mistel
mistletoe

Gefühle und Eigenschaften
Feelings and Characteristics

verliebt
in love

glücklich
happy

überrascht
surprised

stolz
proud

klug
clever

geduldig
patient

neugierig
curious

lustig
funny

erstaunt
astonished

mutig
brave

gefährlich
dangerous

schüchtern
shy

Gute Schauspieler gesucht!

→ Versucht abwechselnd, Gefühle und Eigenschaften darzustellen. Wer zuerst den richtigen englischen Ausdruck genannt hat, bekommt einen Punkt.

Good actors wanted!

→ Take turns in acting out feelings and / or characteristics. The first one to find the English expression scores one point.

In der Schule
In School
die Klasse
class
die Tafel
blackboard
der Lehrer
teacher
die Direktorin
headmistress
der Tisch
desk
das Heft
notebook
rechnen
calculate
kleben
glue
der Taschen-
rechner
calculator
der Schüler
pupil
die Schultasche
schoolbag
die Mappe
folder
das Lineal
ruler
die Armbanduhr
watch
die Schülerin
pupil
malen
paint

die Pinnwand
pinboard
das Klassenzimmer
classroom
die Landkarte
map
der Papierkorb
waste-paper basket
der Globus
globe
der Mistkübel
dustbin
schreiben
write
schneiden
cut
lesen
read
die Freunde
friends
der Pinsel
brush
die Federschachtel
pencilcase
lernen
learn
das Buch
book
der Bleistift
pencil
der Radiergummi
rubber
der Malkasten
paint-box
der Spitzer
sharpener
der Filzstift
pen
der Buntstift
coloured pencil
der Klebstoff
glue
der Kugelschreiber
ballpoint pen
die Füllfeder
fountain-pen
die Schere
scissors
die Kreide
chalk

Märchen

Fairy Tales

Wer kommt in deinem Märchen vor? Eine schöne Prinzessin, ein gefährlicher Drache oder ein böser Zauberer?

→ Erfinde dein eigenes Märchen, zeichne ein Bild davon und beschrifte es in Englisch.

Who is part of your own fairy tale? A beautiful princess, a dangerous dragon or an evil wizard?

→ Create and draw your fairy tale and mark it with the English terms.

Spielzeug
Toys

Einkaufen
Shopping

der Kürbis
pumpkin
die Melanzani
eggplant
die Erbse
pea
der Lauch
leek
der Erdapfel
potato
der Karfiol
cauliflower
der Paradeiser
tomato
der Kohl
cabbage
die Artischocke
artichoke
der Spargel
asparagus
die Fisole
string bean
der Paprika
pepper
die Banane
banana
das Popcorn
popcorn
der Kukuruz
sweetcorn
die Grapefruit
grapefruit
die Zitrone
lemon
die Kiwi
kiwi
die Mandarine
tangerine
die Kokosnuss
coconut
die Walnuss
walnut
die Mandel
almond
die Pistazie
pistachio
die Erdnuss
peanut
die Haselnuss
hazelnut
die Einkaufstasche
shopping-bag

die Geldbörse
purse

Gehst du gerne einkaufen?
Was isst du am liebsten?
→ Schreibe dir doch eine Einkaufsliste – aber in Englisch!

Do you like to go shopping?
→ Write your shopping list in English.

das Geld
money

das Faschierte
minced meat

die Buttermilch
buttermilk

das Schlagobers
cream

das Joghurt
yoghurt

der Topfen
quark

die Süßigkeiten
sweets

die Schokolade
chocolate

der Reis
rice

das Zuckerl
candy

der Schlecker
lollypop

die Tiefkühlkost
frozen food

die Brombeere
blackberry

die Erdbeere
strawberry

die Himbeere
raspberry

die Stachelbeere
gooseberry

die Ribisel
currant

die Heidelbeere
bilberry

das Fleisch
meat
die Olive
olive
das Öl
oil
der Essig
vinegar
die Waage
scales
0,98
der Senf
mustard
der Verkäufer
grocer
die Gewürze
spices
die Weintraube
grape
die Wurst
sausage
das Salz
salt
die Nudel
noodle
der Pfeffer
pepper
die Kräuter
herbs
die Rechnung
bill
der Korb
basket
die Flasche
bottle
die Dose
tin
die Kassa
cash register

Speisen und Getränke
Food and Drink

Was ist deine Lieblingsspeise?

→ Schreibe und gestalte deine eigene Speisekarte. Verwende dazu aber die englischen Ausdrücke.

What's your favourite dish?

→ Write and create your own meal. Use the English terms.

Freizeit und Sport
Leisure and Sports

Was sind deine Hobbys?

→ Gestalte deinen persönlichen Steckbrief und benütze dazu die englischen Wörter.

What are your hobbies?

→ Describe yourself using the English words.

Berufe
Professions

Im Garten
In the garden

»Zzzz« macht die Schlange!

→ Ahmt Geräusche von Tieren nach und erratet ihre englischen Namen.

»Zzzz« says the snake!

→ Imitate different animas and say their English names.

Tätigkeiten
Activities

Wer errät die englischen Ausdrücke?

→ Stellt abwechselnd eine Tätigkeit dar.

Guess the English expressions!

→ Act out some activities, take turn in guessing them.

küssen
kiss
rufen
call
werfen
throw
springen
jump
reden
talk
schauen
look
umdrehen
turn
stellen
put
fangen
catch
hören
hear
zeichnen
draw
spielen
play
pfeifen
whistle
halten
hold
tragen
carry
ziehen
pull
streiten
quarrel
lächeln
smile
riechen
smell
sitzen
sit
stinken
stink
weinen
weep
liegen
lie
schlafen
sleep
arbeiten
work
ausrutschen
slip
waschen
wash
rollen
roll
kehren
sweep
knien
kneel

Auf dem Bauernhof
At the Farm

Eine Katze, zwei Katzen, drei Katzen …

→ Zähle die abgebildeten Tiere – aber bitte in Englisch.

One cat, two cats, three cats …

→ Count the animals in English, please.

Unterwegs

On Tour

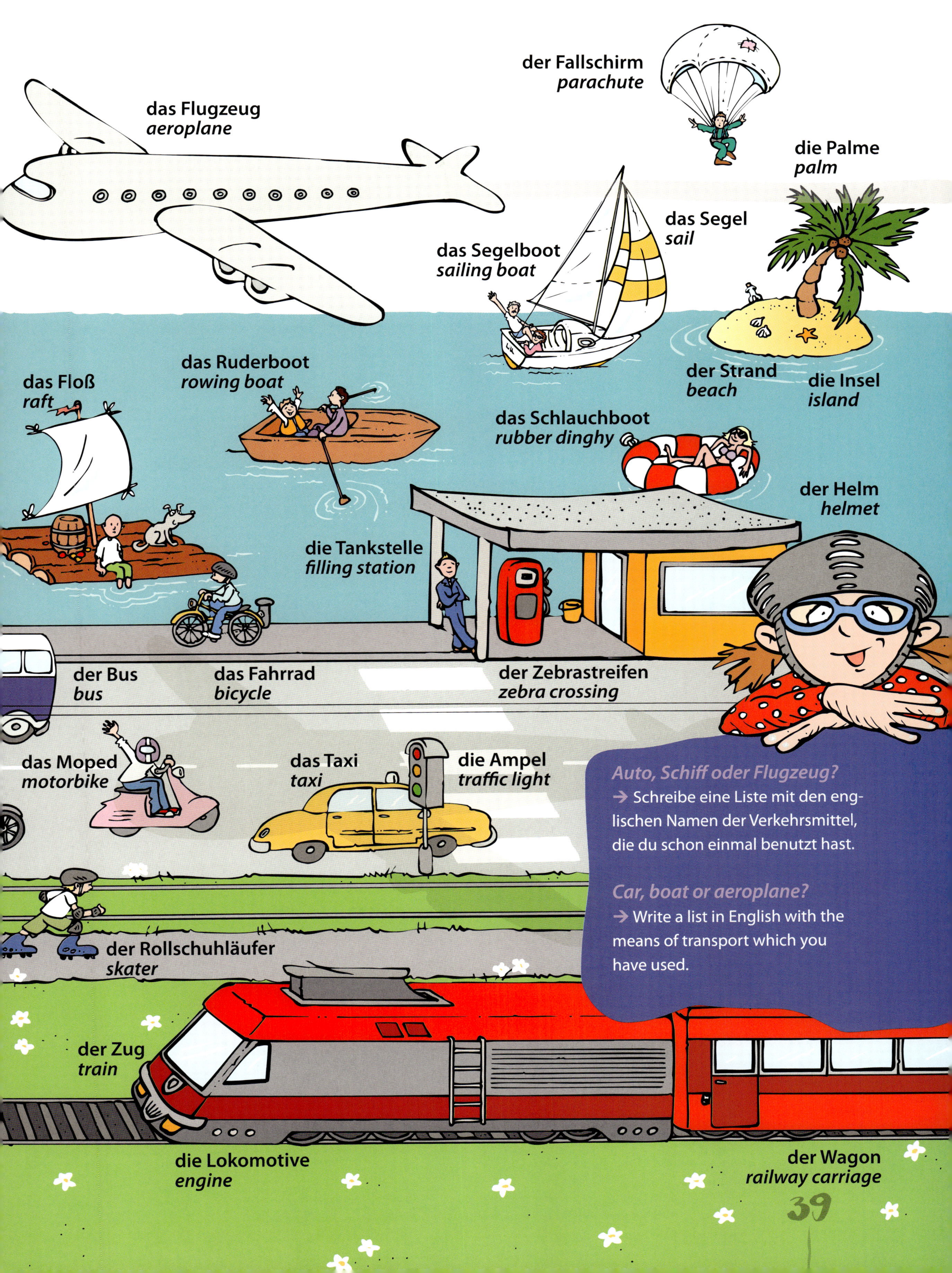

Auto, Schiff oder Flugzeug?

→ Schreibe eine Liste mit den englischen Namen der Verkehrsmittel, die du schon einmal benutzt hast.

Car, boat or aeroplane?

→ Write a list in English with the means of transport which you have used.

Gegensätze
Opposites

drinnen
inside
oben
at the top
draußen
outside
unten
at the bottom
vorne
in front of
hinten
behind
schnell
fast
langsam
slow
der Erste
first
START
ZIEL
1
der Letzte
last
nass
wet
trocken
dry
wenig
little
viel
plenty
lebendig
alive
tot
dead
hell
bright
kalt
cold
warm
warm
leer
empty
voll
full
zu
closed
alt
old
jung
young
wach
awake
weiblich
female
leise
silent
sauber
clean
schmutzig
dirty

Wörterverzeichnis

a

Abend, *der*	*evening*	15
Abendessen, *das*	*supper*	29
Abstellraum, *der*	*storage room*	11
Abwasch, *die*	*sink*	11
acht	*eight*	14
achtzehn	*eighteen*	14
achtzig	*eighty*	14
Acker, *der*	*acre*	37
alt	*old*	41
Ameise, *die*	*ant*	33
Ampel, *die*	*traffic light*	39
Ananas, *die*	*pineapple*	24
Andenken, *das*	*souvenir*	7
ängstlich	*anxious*	19
Anhänger, *der*	*trailer*	37
Anorak, *der*	*anorak*	13
Apfel, *der*	*apple*	24
April, *der*	*April*	16
arbeiten	*work*	35
Arbeiter, *der*	*worker*	8
Arm, *der*	*arm*	6
arm	*poor*	40
Armbanduhr, *die*	*watch*	20
Armreif, *der*	*bracelet*	13
Artischocke, *die*	*artichoke*	25
Arzt, *der*	*doctor*	32
Aster, *die*	*aster*	17
Auge, *das*	*eye*	6
August, *der*	*August*	16
ausrutschen	*slip*	35
Auto, *das*	*car*	38
Avocado, *die*	*avocado*	24

b

Bäcker, *der*	*baker*	32
Backrohr, *das*	*oven*	11
Badeanzug, *der*	*swimsuit*	12
Badehose, *die*	*swimming trunks*	12
baden	*bath*	30
Badewanne, *die*	*bathtub*	10
Badezimmer, *das*	*bathroom*	10
Balkon, *der*	*balcony*	8
Ball, *der*	*ball*	23
Ballon, *der*	*balloon*	38
Banane, *die*	*banana*	25
basteln	*do handicrafts*	30
Bauch, *der*	*stomach*	6
Bauer, *der*	*farmer*	37
Bäuerin, *die*	*farmer's wife*	37
Bauernhaus, *das*	*farm*	37
Bauernhof, *der*	*farm*	36
Baum, *der*	*tree*	8
Baustein, *der*	*brick*	23
Bein, *das*	*leg*	6
beißen	*bite*	34
Bekleidung, *die*	*clothes*	12
bellen	*bark*	34
Berg, *der*	*mountain*	8
Beruf, *der*	*profession*	32
Besen, *der*	*broom*	11
Bett, *das*	*bed*	9
bewölkt	*cloudy*	16
BH, *der*	*bra*	12
Biene, *die*	*bee*	33
Bikini, *der*	*bikini*	13
Bild, *das*	*picture*	9
Bilderbuch, *das*	*picture-book*	23
Birne, *die*	*pear*	24
blau	*blue*	14
Bleistift, *der*	*pencil*	21
Blitz, *der*	*flash*	17
Blume, *die*	*flower*	33
Blumenstrauß, *der*	*bunch of flowers*	9
böse	*bad*	40
Braten, *der*	*roast*	28
braun	*brown*	14
Braut, *die*	*bride*	7
Bräutigam, *der*	*groom*	7
Briefträger, *der*	*postman*	32
Brille, *die*	*glasses*	13
Broccoli, *der*	*broccoli*	24
Brombeere, *die*	*blackberry*	26
Brot, *das*	*bread*	29
Brot, *das* belegte	*sandwich*	29
Bruder, *der*	*brother*	7
Brust, *die*	*breast*	6
Bub, *der*	*boy*	6
Buch, *das*	*book*	21
Buntstift, *der*	*coloured pencil*	21
Bürste, *die*	*brush*	10
Bus, *der*	*bus*	39
Butter, *die*	*butter*	28
Buttermilch, *die*	*buttermilk*	26

c

CD, *die*	*cd*	9
CD-Player, *der*	*cd player*	9
Chauffeur, *der*	*driver*	32
Comic, *das*	*comic*	23
Computer, *der*	*computer*	23
Computerspiel, *das*	*computer game*	23
Cousin/e, *der/die*	*cousin*	7
Creme, *die*	*cream*	10

d

Dach, *das*	*roof*	8
Dachboden, *der*	*loft*	8
Dachrinne, *die*	*spout*	8
Daumen, *der*	*thumb*	6
Decke, *die*	*ceiling*	8
Decke, *die*	*blanket*	9
Deckel, *der*	*lid*	11
Dezember, *der*	*December*	17
dick	*fat*	40
Dienstag, *der*	*Tuesday*	15
Direktor, *der*	*headmaster*	
Direktorin, *die*	*headmistress*	20
Donner, *der*	*thunder*	16
Donnerstag, *der*	*Thursday*	15
Dorf, *das*	*village*	8
Dose, *die*	*tin*	27
Drache, *der*	*dragon*	22
Drachen, *der*	*kite*	23
draußen	*outside*	41
drehen	*spin*	34
drei	*three*	14
dreieckig	*triangle cornered*	14
dreißig	*thirty*	14
dreizehn	*thirteen*	14
drinnen	*inside*	41
dunkel	*dark*	40
dünn	*slim*	40
durstig	*thirsty*	29
Dusche, *die*	*shower*	10

e

Ei, *das* weiche	*soft-boiled egg*	28
Eierspeise, *die*	*scrambled egg*	28
Eigenschaft, *die*	*characteristic*	18
einfach	*easy*	40
Eingang, *der*	*entrance*	8
Einkaufen, *das*	*shopping*	24
Einkaufstasche, *die*	*shopping-bag*	25
eins	*one*	14
eislaufen	*ice skating*	31
Eis, *das*	*ice, ice cream*	16/29
eisig	*icy*	16
Eiswürfel, *der*	*ice cube*	29
eitel	*vain*	19
elf	*eleven*	14
Ellbogen, *der*	*ellbow*	6
Ente, *die*	*duck*	37
Erbse, *die*	*pea*	25
Erdapfel, *der*	*potato*	25
Erdäpfelpüree, *das*	*mashed potatoes*	28
Erdbeere, *die*	*strawberry*	26
Erdgeschoß, *das*	*ground floor*	8
Erdnuss, *die*	*peanut*	25
erstaunt	*astonished*	18
Erste, *der/die*	*first*	41
Esel, *der*	*donkey*	37
essen	*eat*	34
Essig, *der*	*vinegar*	27
Esszimmer, *das*	*dining-room*	9

f

Fahne, *die*	*flag*	38
fahren	*drive*	34
Fahrrad, *das*	*bicycle*	39
fallen	*fall*	34
Fallschirm, *der*	*parachute*	39
Familie, *die*	*familiy*	7
fangen	*catch*	35
Farbe, *die*	*colour*	14
Faschierte, *das*	*minced meat*	26
Faschingskrapfen, *der*	*filled donut*	29
faul	*lazy*	19
faulenzen	*laze*	31
Fäustling, *der*	*mitten*	13
Februar, *der*	*February*	16
Federschachtel, *die*	*pencilcase*	21
Fee, *die*	*fairy*	22
Feld, *das*	*field*	37
Fenchel, *der*	*fennel*	24
Fenster, *das*	*window*	9

Ferien, *die*	*holidays*	15
Ferkel, *das*	*piglet*	37
fernsehen	*watch TV*	31
Fernseher, *der*	*TV*	9
Ferse, *die*	*heel*	6
Filzstift, *der*	*pen*	21
Finger, *der* kleine	*little finger*	6
Finger, *der*	*finger*	6
Fisch, *der*	*fish*	26
Fisole, *die*	*string bean*	25
Flasche, *die*	*bottle*	27
Fleisch, *das*	*meat*	27
Fleischhauer, *der*	*butcher*	32
Fliege, *die*	*fly*	33
fliegen	*fly*	34
Floß, *das*	*raft*	39
Flugzeug, *das*	*aeroplane*	39
Fohlen, *das*	*foal*	36
Fön, *der*	*hair-drier*	10
Form, *die*	*shape*	14
Fotoalbum, *das*	*photo album*	9
fotografieren	*photograph*	31
Frau, *die*	*woman*	6
Freitag, *der*	*Friday*	15
Freizeit, *die*	*leisure*	30
Freunde, *die*	*friends*	21
Freunde treffen	*meet friends*	31
freundlich	*friendly*	19
Frisör, *der*	*hairdresser*	32
Frisur, *die*	*hairstyle*	6
Frosch, *der*	*frog*	33
Frühling, *der*	*Spring*	17
Frühstück, *das*	*breakfast*	28
Fuchs, *der*	*fox*	36
Füllfeder, *die*	*fountain-pen*	21
fünf	*five*	14
fünfzehn	*fifteen*	14
fünfzig	*fifty*	14
Fuß, *der*	*foot*	6
Fußball spielen	*play football*	38
Fußboden, *der*	*floor*	8
Fußgänger/in, *der/die*	*pedestrian*	38
Futterschüssel, *die*	*dish*	11

g

Gabel, *die*	*fork*	11
Gans, *die*	*goose*	36
Garage, *die*	*garage*	8
Garten, *der*	*garden*	8|33
Gärtner, *der*	*gardener*	33
Gebäck, *das*	*bread*	28
Geburtstag, *der*	*birthday*	7
geduldig	*patient*	18
gefährlich	*dangerous*	18
Gefühl, *das*	*feeling*	18
Gegensatz, *der*	*opposite*	40
gehen	*go*	34
Gehsteig, *der*	*pavement*	38
Geist, *der*	*ghost*	22
gelb	*yellow*	14
Geld, *das*	*money*	26
Geldbörse, *die*	*purse*	26
Gelse, *die*	*mosquito*	33
Gemüse, *das*	*vegetables*	28
Geschenk, *das*	*present*	7
Geschirrspüler, *der*	*dishwasher*	11
Geschirrtuch, *das*	*tea towel*	10
Gesicht, *das*	*face*	6
Getränk, *das*	*drink*	28
Gewitter, *das*	*thunderstorm*	16
gewittrig	*thundery*	16
Gewürze, *die*	*spices*	27
Gießkanne, *die*	*watering can*	32
Glas, *das*	*glass*	11
Globus, *der*	*globe*	21
Glockenblume, *die*	*bluebell*	17
glücklich	*happy*	18
Glühbirne, *die*	*bulb*	9
Grapefruit, *die*	*grapefruit*	25
grau	*grey*	14
groß	*big*	40
Großmutter, *die*	*grandmother*	7
Großvater, *der*	*grandfather*	7
grün	*green*	14
Gurke, *die*	*cucumber*	24
Gurkerl, *das*	*gherkin*	29
Gürtel, *der*	*belt*	13
gut	*good*	40

h

Haar, *das*	*hair*	6
Haarschwanz, *der*	*pony-tail*	6
Häferl, *das*	*mug*	11
Hahn, *der*	*rooster*	37
Hals, *der*	*neck*	6
halten	*hold*	35
Hand, *die*	*hand*	6
Handschuh, *der*	*glove*	13
Handtuch, *das*	*towel*	10
Handy, *das*	*mobile phone*	9
Haselnuss, *die*	*hazelnut*	25
Hauptspeise, *die*	*main course*	28
Haus, *das*	*house*	8
Hausschuh, *der*	*slipper*	12
Haustier, *das*	*pet*	7
Heft, *das*	*notebook*	20
Heidelbeere, *die*	*bilberry*	26
heiß	*hot*	17
Heizkörper, *der*	*radiator*	9
hell	*bright*	41
Helm, *der*	*helmet*	39
Hemd, *das*	*shirt*	12
Herbst, *der*	*Autumn*	17
Herd, *der*	*stove*	11
Heu, *das*	*hay*	36
Heuschrecke, *die*	*grasshopper*	33
Hexe, *die*	*witch*	22
Himbeere, *die*	*raspberry*	26
hinten	*behind*	41
Hirsch, *der*	*deer*	37
Hitze, *die*	*heat*	17
Hocker, *der*	*stool*	10
höflich	*polite*	19
Honig, *der*	*honey*	28
Honigmelone, *die*	*honey melon*	24
hören	*hear*	35
Hose, *die*	*trousers*	12
Hose, die kurze	*shorts*	12
Hubschrauber, *der*	*helicopter*	38
Hügel, *der*	*hill*	8
Huhn, *das*	*chicken*	26|36
Hummel, *die*	*bumble-bee*	33
Hund, *der*	*dog*	33|36
Hundehütte, *die*	*kennel*	36
hundert	*hundred*	14
hunderttausend	*hundred thousand*	14
hungrig	*hungry*	28

i

Igel, *der*	*hedgehog*	36
Insel, *die*	*island*	39

j

Jacke, *die*	*jacket*	12
Jahr, *das*	*year*	16
Jänner, *der*	*January*	16
Jean, *die*	*jeans*	12
Joghurt, *das*	*yoghurt*	26
Journalist/in, *der/die*	*journalist*	32
Juli, *der*	*July*	16
jung	*young*	41
Juni, *der*	*June*	16

k

Käfer, *der*	*beetle*	33
Kaffee, *der*	*coffee*	28
Kakao, *der*	*cocoa*	28
Kalb, *das*	*calf*	37
Kalender, *der*	*calendar*	37
kalt	*cold*	41
Kamm, *der*	*comb*	10
Kaninchen, *das*	*bunny*	36
Kanu, *das*	*canoe*	38
Kappe, *die*	*cap*	12
Karfiol, *der*	*cauliflower*	25
Karotte, *die*	*carrot*	24
Karten spielen	*play cards*	31
Käse, *der*	*cheese*	29
Kassa, *die*	*cash register*	27
Kasten, *der*	*cupboard*	9
Katze, *die*	*cat*	7|33|37
kehren	*sweep*	35
Keks, *das*	*cookie*	29
Keller, *der*	*cellar*	8
Kellner/in, *der/die*	*waiter/waitress*	32
Kerze, *die*	*candle*	9
Kette, *die*	*necklace*	13
Kind, *das*	*child*	33
Kinderwagen, *der*	*stroller*	38
Kinn, *das*	*chin*	6
Kino, *das*	*cinema*	15
Kipferl, *das*	*croissant*	28
Kirsche, *die*	*cherry*	24
Kiwi, *die*	*kiwi*	25
Klasse, *die*	*class*	20
Klassenzimmer, *das*	*class room*	21
kleben	*glue*	20
Klebstoff, *der*	*glue*	21
Kleid, *das*	*dress*	12
Kleiderbügel, *der*	*coat hanger*	11
klein	*small*	40
klettern	*climb*	31|34
Klopapier, *das*	*toilet paper*	11
klug	*clever*	18
Knie, *das*	*knee*	6
knien	*kneel*	35
Knoblauch, *der*	*garlic*	24
Knödel, *der*	*dumpling*	28
Koch, *der*	*cook*	32
kochen	*cook*	30
Koffer, *der*	*suitcase*	13

Kohl, der	cabbage	25
Kokosnuss, die	coconut	25
König, der	king	22
Königin, die	queen	22
Kopf, der	head	6
Korb, der	basket	27
Körper, der	body	6
Krankenschwester, die	nurse	32
Kräuter, die	herbs	10|27
Kreide, die	chalk	21
Krokus, der	crocus	17
Kröte, die	toad	33
Krug, der	jug	11
Kübel, der	bucket	11
Küche, die	kitchen	11
Kuchen, der	pie	29
Kugelschreiber, der	ballpoint pen	21
Kuh, die	cow	37
Kühlschrank, der	fridge	10
Küken, das	chick	36
Kukuruz, der	sweetcorn	25
Kunde/Kundin, der/die	customer	32
Künstler/in, der/die	artist	32
Kürbis, der	pumpkin	17|25
kurz	short	40
küssen	kiss	35
Kutsche, die	carriage	22
Kutscher, der	coachman	22

l

lächeln	smile	35
lachen	laugh	34
Lampe, die	lamp	10
Landkarte, die	map	21
lang	long	40
langsam	slow	41
Lastwagen, der	lorry	38
Lauch, der	leek	25
laufen	run	34
laut	loud	40
lebendig	alive	41
leer	empty	41
Lehrer/in, der/die	teacher	20
Leibwächter, der	bodyguard	32
leicht	light	40
leise	silent	41
Leiter, die	ladder	33
lernen	learn	21
lesen	read	21
Letzte, der/die	last	41
lieb	sweet	19
Lieferwagen, der	van	8
liegen	lie	35
lila	lilac	14
Lilie, die	lily	17
Lineal, das	ruler	20
Linie, die	line	14
links	left	40
Lippe, die	lip	6
Löffel, der	spoon	11
Lokomotive, die	engine	39
Lupe, die	magnifying-glass	6
lustig	funny	18

m

Mädchen, das	girl	6
Mai, der	May	16
Malbuch, das	colouring book	23
malen	paint	20|30
Malkasten, der	paint-box	21
Mandarine, die	tangerine	25
Mandel, die	almond	25
Mann, der	man	6
männlich	male	40
Mantel, der	coat	12
Mappe, die	folder	20
Märchen, das	fairy tale	22
Märchenbuch, das	book of fairy tales	23
Margarine, die	margarine	29
Marille, die	apricot	24
Marmelade, die	jam	29
März, der	March	16
Maßband, das	measuring tape	14
Maulwurf, der	mole	33
Maus, die	mouse	33
Mechaniker/in, der/die	mechanic	32
Meer, das	sea	38
Melanzani, die	eggplant	25
Messer, das	knife	11
Mikrowelle, die	microwave	11
Milch, die	milk	28
mild	mild	16
Million, die	one million	14
Mistel, die	mistletoe	17
Misthaufen, der	dungheap	36
Mistkübel, der	dustbin	21
Mistschaufel, die	dustpan	11
Mittag, der	noon	15
Mittelfinger, der	middle finger	6
Mittwoch, der	Wednesday	15
Mond, der	moon	16
Montag, der	Monday	15
Moped, das	motorbike	39
Morgen, der	morning	15
Motorboot, das	motorboat	38
Motorrad, das	motorcycle	38
müde	tired	19|40
Mund, der	mouth	6
Murmel, die	marble	23
musizieren	make music	31
Müsli, das	muesli	28
mutig	brave	18
Mutter, die	mother	7
Mütze, die	bobble hat	13

n

Nachmittag, der	afternoon	15
Nachspeise, die	dessert	29
Nacht, die	night	15
Nachthemd, das	nightdress	12
Nachtkästchen, das	bedside table	9
nähen	sew	30
Narzisse, die	narcissus	17
Nase, die	nose	6
nass	wet	41
Nebel, der	fog	16
neblig	foggy	16
Neffe, der	nephew	7
neidisch	envious	19
Nest, das	nest	33
neugierig	curious	18
neun	nine	14
neunzehn	nineteen	14
neunzig	ninety	14
Nichte, die	niece	7
November, der	November	17
Nudel, die	noodle	27
null	zero	14

o

oben	at the top	41
Oberschenkel, der	thigh	6
Obstsalat, der	fruit salad	29
offen	open	40
Ohr, das	ear	6
Oktober, der	October	17
Öl, das	oil	27
Olive, die	olive	27
Oma, die	grandma	7
Onkel, der	uncle	7
Opa, der	grandpa	7
Orange, die	orange	24
orange	orange	14
Orangenmarmelade, die	marmalade	28
Orangensaft, der	orange-juice	28

p

Paket, das	parcel	8
Palatschinke, die	pancake	29
Palme, die	palm	39
Papierkorb, der	waste-paper basket	21
Paprika, der	pepper	25
Paradeiser, der	tomato	25
Parfum, das	perfume	10
Penis, der	penis	6
Pfanne, die	pan	11
Pfeffer, der	pepper	27
Pfefferoni, der	chilli pepper	24
pfeifen	whistle	35
Pferd, das	horse	36
Pfirsich, der	peach	24
Pflanze, die	plant	9
Pinnwand, die	pinboard	21
Pinsel, der	brush	21
Pistazie, die	pistachio	25
Pizza, die	pizza	28
Po, der	bottom	6
Polizist, der	policeman	
Polizistin, die	policewoman	32
Polster, der	pillow	9
Popcorn, das	popcorn	25
Prinz, der	prince	22
Prinzessin, die	princess	22
Pudding, der	custard	29
Pullover, der	pullover	12
Punkt, der	point	14
Puppe, die	doll	23
Pyjama, der	pyjamas	12

q

quadratisch	square	14

r

Rad fahren	*cycle*	31
Radiergummi, *der*	*rubber*	21
Rahmen, *der*	*frame*	9
Rasen, *der*	*lawn*	8
Rasierer, *der*	*shaver*	10
Rasierschaum, *der*	*shaving foam*	10
Ratte, *die*	*rat*	33
Räuber, *der*	*robber*	22
Rauch, *der*	*smoke*	38
Rauchfang, *der*	*chimney*	8
rechnen	*calculate*	20
Rechnung, *die*	*bill*	27
rechts	*right*	40
reden	*talk*	35
Regal, *das*	*shelf*	11
Regen, *der*	*rain*	17
regnerisch	*rainy*	17
Reh, *das*	*roe*	37
reich	*rich*	40
Reis, *der*	*rice*	26
reiten	*ride*	30
Rennbahn, *die*	*racecourse*	23
Ribisel, *die*	*currant*	26
riechen	*smell*	35
Riese, *der*	*giant*	22
Ring, *der*	*ring*	13
Ringfinger, *der*	*ring finger*	6
Ritter, *der*	*knight*	22
Roboter, *der*	*robot*	23
Rock, *der*	*skirt*	12
rodeln	*tobbogan*	31
rollen	*roll*	35
Rollschuhläufer, *der*	*skater*	39
rosa	*pink*	14
Rose, *die*	*rose*	17
rot	*red*	14
Rücken, *der*	*back*	6
Ruderboot, *das*	*rowing boat*	39
rufen	*call*	35
rund	*round*	14

s

Saft, *der*	*juice*	29
Salat, *der*	*salad*	24|28
Salz, *das*	*salt*	27
sammeln	*collect*	31
Samstag, *der*	*Saturday*	15
Sandale, *die*	*sandal*	13
satt	*full*	29
sauber	*clean*	41
Schaf, *das*	*sheep*	36
Schal, *der*	*scarf*	13
Schale, *die*	*bowl*	9
schauen	*look*	35
Schaufel, *die*	*shovel*	33
Schaukel, *die*	*swing*	33
Schauspieler/in, *der/die*	*actor/actress*	32
Scheide, *die*	*vagina*	6
Schere, *die*	*scissors*	21
Scheune, *die*	*barn*	36
schieben	*push*	34
Schiff, *das*	*ship*	38
Schinken, *der*	*ham*	29
schlafen	*sleep*	30|35
Schlafrock, *der*	*dressing gown*	13
Schlafzimmer, *das*	*bedroom*	9
Schlagobers, *das*	*cream*	26
Schlange, *die*	*snake*	33
Schlauchboot, *das*	*rubber dinghy*	39
Schlecker, *der*	*lollypop*	26
Schloss, *das*	*castle*	22
Schlüssel, *der*	*key*	11
Schmetterling, *der*	*butterfly*	33
schmutzig	*dirty*	41
Schnecke, *die*	*snail*	33
Schnee, *der*	*snow*	16
Schneeglöckchen, *das*	*snowdrop*	17
Schneerose, *die*	*christrose*	17
schneiden	*cut*	21
Schneider, *der*	*dressmaker*	32
schnell	*fast*	41
Schokolade, *die*	*chocolate*	26
schreiben	*write*	21
schreien	*cry*	34
schüchtern	*shy*	18
Schuh, *der*	*shoe*	13
Schule, *die*	*school*	20
Schüler/in, *der/die*	*pupil*	20
Schultasche, *die*	*schoolbag*	20
Schulter, *die*	*shoulder*	6
Schwamm, *der*	*sponge*	10
Schwammerl, *das*	*mushroom*	17|24
schwarz	*black*	14
Schwein, *das*	*pig*	36
schwer	*heavy*	40
Schwester, *die*	*sister*	7
schwierig	*difficult*	40
Schwimmbecken, *das*	*swimming pool*	8
schwimmen	*swim*	30
sechs	*six*	14
sechzehn	*sixteen*	14
sechzig	*sixty*	14
Segel, *das*	*sail*	39
Segelboot, *das*	*sailing boat*	39
segeln	*sail*	30
Seife, *die*	*soap*	10
Sellerie, *der*	*celery*	24
Semmel, *die*	*roll*	28
Senf, *der*	*mustard*	27
September, *der*	*September*	17
Serviette, *die*	*napkin*	11
Shampoo, *das*	*shampoo*	10
sieben	*seven*	14
siebzehn	*seventeen*	14
siebzig	*seventy*	14
singen	*sing*	30
sitzen	*sit*	35
Skateboard, *das*	*skateboard*	38
Ski fahren	*ski*	31
Socken, *der*	*sock*	13
Sofa, *das*	*sofa*	9
Sohn, *der*	*son*	7
Sommer, *der*	*Summer*	17
Sonne, *die*	*sun*	16
Sonnenblume, *die*	*sunflower*	17
sonnig	*sunny*	16
Sonntag, *der*	*Sunday*	15
Spaghetti, *die*	*spaghetti*	28
Spargel, *der*	*asparagus*	25
Spatz, *der*	*sparrow*	33
spazieren gehen	*take a walk*	31
Specht, *der*	*woodpecker*	33
Speise, *die*	*food*	28
Spiegel, *der*	*mirror*	10
Spiegelei, *das*	*fried egg*	28
spielen	*play*	35
Spielzeug, *das*	*toy*	23
Spielzeugeisenbahn, *die*	*toy train*	23
Spinat, *der*	*spinach*	24
Spinne, *die*	*spider*	33
Spitzer, *der*	*sharpener*	21
Sport, *der*	*sport*	30
springen	*jump*	35
Springschnur, *die*	*skipping rope*	23
Stachelbeere, *die*	*gooseberry*	26
Stadt, *die*	*town*	8
Stall, *der*	*stable*	36
Staubsauger, *der*	*vacuum cleaner*	11
Stechpalme, *die*	*holly*	17
stehen	*stand*	34
stellen	*put*	35
Stern, *der*	*star*	16
Sternschnuppe, *die*	*falling star*	17
sticken	*embroider*	30
Stiefel, *der*	*boot*	13
Stiege, *die*	*stairs*	8
Stier, *der*	*bull*	37
stinken	*stink*	35
Stirn, *die*	*forehead*	6
Stock, *der* **erste**	*first floor*	8
stolz	*proud*	18
Strand, *der*	*beach*	39
Straße, *die*	*road*	38
Straßenbahn, *die*	*tramway*	38
streiten	*quarrel*	35
stricken	*knit*	30
Strumpfhose, *die*	*tights*	13
Sturm, *der*	*storm*	17
stürmisch	*stormy*	17
Suppe, *die*	*soup*	28
Süßigkeiten, *die*	*sweets*	26
Sweater, *der*	*jumper*	12

t

Tafel, *die*	*blackboard*	20
Tag, *der*	*day*	15
Tankstelle, *die*	*filling station*	39
Tante, *die*	*aunt*	7
tanzen	*dance*	30
Tapete, *die*	*wallpaper*	10
Tasche, *die*	*handbag*	13
Taschenrechner, *der*	*calculator*	20
Tätigkeit, *die*	*activity*	34
tauchen	*dive*	30
tausend	*thousand*	14
Taxi, *das*	*taxi*	39
Teddybär, *der*	*teddy bear*	23
Tee, *der*	*tea*	28
Teekanne, *die*	*teapot*	11
Tasse, *die*	*cup*	11
Teich, *der*	*pond*	36
telefonieren	*phone*	30
Teller, *der*	*plate*	11
Teppich, *der*	*carpet*	11
Terrasse, *die*	*terrace*	8
Tiefkühlkost, *die*	*frozen food*	26
Tierarzt/Tierärztin, *der/die*	*vet*	32
Tisch, *der*	*table*	9
Tisch, *der*	*desk*	20
Tischler, *der*	*carpenter*	32
Tischtuch, *das*	*table-cloth*	9
Tochter, *die*	*daughter*	7
Topf, *der*	*pot*	11
Topfen, *der*	*quark*	26

Tor, *das*	*gate*	36
Torte, *die*	*cake*	29
tot	*dead*	41
tragen	*carry*	35
Traktor, *der*	*tractor*	37
träumen	*dream*	30
traurig	*sad*	19
trinken	*drink*	34
trocken	*dry*	41
trotzig	*sullen*	19
Truthahn, *der*	*turkey*	37
T-Shirt, *das*	*t-shirt*	13
Tuch, *das*	*shawl*	13
Tuchent, *die*	*duvet*	9
Tulpe, *die*	*tulip*	17
Tür, *die*	*door*	8
türkis	*turquoise*	14
Turm, *der*	*tower*	22
Türschnalle, *die*	*door handle*	11

U

U-Bahn, *die*	*underground*	38
überrascht	*surprised*	18
Ufo, *das*	*ufo*	38
Uhr, *die*	*clock*	9
Uhrzeit, *die*	*time*	15
umdrehen	*turn*	35
ungeschickt	*clumsy*	19
unten	*at the bottom*	41
Unterhemd, *das*	*vest*	13
Unterhose, *die*	*pants/panties*	13
Unterrock, *der*	*slip*	13
Unterschenkel, *der*	*shin*	6
Uroma, *die*	*great-grandmother*	7
Uropa, *der*	*great-grandfather*	7

V

Vampir, *der*	*vampire*	22
Vase, *die*	*vase*	9
Vater, *der*	*father*	7
Verkäufer, *der*	*grocer*	27
verliebt	*in love*	18
verschneit	*snowy*	16
viel	*plenty*	41
vier	*four*	14
viereckig	*four cornered*	14
vierzehn	*fourteen*	14
vierzig	*fourty*	14
Vogel, *der*	*bird*	33
Vogelscheuche, *die*	*scarecrow*	36
voll	*full*	41
Vorhang, *der*	*curtain*	9
Vormittag, *der*	*morning*	15
vorne	*in front of*	41
Vorspeise, *die*	*starter*	28
Vorzimmer, *das*	*hall*	11

W

Waage, *die*	*scales*	27
wach	*awake*	41
Wade, *die*	*calf*	6
Wagon, *der*	*railway carriage*	39
Walnuss, *die*	*walnut*	25
Wand, *die*	*wall*	8
wandern	*hike*	30
Wange, *die*	*cheek*	6
warm	*warm*	41
Waschbecken, *das*	*basin*	10
Wäsche, *die*	*laundry*	37
Wäschekorb, *der*	*laundry basket*	10
waschen	*wash*	35
Waschmaschine, *die*	*washing machine*	10
Waschpulver, *das*	*washing powder*	10
Wasser, *das*	*water*	29
Wasserhahn, *der*	*tap*	10
Wassermelone, *die*	*water melon*	24
WC, *das*	*toilet*	11
Wecker, *der*	*alarm clock*	9
weiblich	*female*	41
Weihnachtsstern, *der*	*christmas flower*	17
weinen	*weep*	35
Weintraube, *die*	*grape*	17|27
weiß	*white*	14
wenig	*little*	41
werfen	*throw*	35
Werkzeug, *das*	*tool*	37
Wespe, *die*	*wasp*	33
Wiener Schnitzel, *das*	*viennese schnitzel*	28
Wind, *der*	*wind*	17
windig	*windy*	17
Winter, *der*	*Winter*	17
Wohnzimmer, *das*	*living room*	9
Wolke, *die*	*cloud*	16
Wurm, *der*	*worm*	33
Wurst, *die*	*sausage*	27

Z

Zahl, *die*	*number*	14
Zahn, *der*	*tooth*	6
Zahnarzt, *der*	*dentist*	32
Zahnbürste, *die*	*toothbrush*	10
Zahnpasta, *die*	*toothpaste*	10
Zauberer, *der*	*wizard*	22
Zaun, *der*	*fence*	8
Zebrastreifen, *der*	*zebra crossing*	39
Zehe, *die*	*toe*	6
zehn	*ten*	14
zehntausend	*ten thousand*	14
zeichnen	*draw*	35
Zeigefinger, *der*	*forefinger*	6
Zeitung, *die*	*newspaper*	9
Zelt, *das*	*tent*	22
Ziege, *die*	*goat*	36
ziehen	*pull*	35
Zierpolster, *der*	*cushion*	9
Zimmer, *das*	*room*	8
Zitrone, *die*	*lemon*	25
zornig	*angry*	19
zu	*closed*	41
Zuckerl, *das*	*candy*	26
Zuckermelone, *die*	*sugar melon*	24
Zug, *der*	*train*	39
Zuhause, *das*	*home*	8
Zunge, *die*	*tongue*	6
zwanzig	*twenty*	14
zwei	*two*	14
Zwerg, *der*	*dwarf*	22
Zwetschke, *die*	*plum*	24
Zwiebel, *die*	*onion*	24
zwölf	*twelve*	14